NOSSO AMOR DE TRINCHEIRA

NOSSO TRÂNSITO DE FRONTEIRA

SELEÇÃO E TRADUÇÃO DE

GUILHERME GONTIJO FLORES

&

RICARDO POZZO

NOSSO AMOR DE TRINCHEIRA

NOSSO TRÂNSITO DE FRONTEIRA

ULJANA WOLF

MOINHOS

BREVE NOTA DE UM TRANSPLANTE

Eu já não lembro muito bem quando, talvez no fim de 2012 ou no começo de 2013, o Pozzo me chegou com a poesia da Uljana Wolf, alguns poemas tirados de sites da internet, com algumas traduções esparsas em outras línguas. Como quem não sabe bem o que fazer com aqueles textos estranhos, traduzi, ele traduziu, batemos martelos em conversas digitais e ao vivo. Foi mais ou menos assim, até adquirirmos alguns livros dela, até conseguirmos o contato pessoal dela, para tirarmos algumas – leia-se, muitas – dúvidas (e Uljana é gentil demais) que foram sempre respondidas. Foi algo assim por cerca de um ano, um ano e meio, escolhendo, revendo, consultando um ou outro amigo germanista (nós dois aqui estamos longe de sermos especialistas na língua, por isso, Norma Müller e Gunnar Thiessen, nós lembramos de vocês, agradecidos), testando um transplante poético dessas pequenas peças em prosa e verso. Depois de um ano, ou um ano e meio, tínhamos esta antologia, que ficou parada por pelo menos quatro anos, no triste limbo da poesia contemporânea de língua estrangeira, que demora a chegar, demora a se espalhar na nossa própria língua, em parte pela escassez de leitores, em parte pela escassez de coragem dos editores brasileiros.

Por isso, peça-chave foi aparecer o Nathan Matos com o ímpeto editorial de fazer poesia acontecer por estas bandas, de confiar no contrabando poético da tradução e no diálogo entre vivos. E peça-chave foi Daniel Martineschen, amigo, meu parceiro de tradução de um livro de Friedrich Kittler, que teve a imensa generosidade de ler e comentar cada poema, dialogar na beira deste precipício, que é a poesia de Uljana Wolf. A esses dois vai toda nossa gratidão, porque nós sabemos que um livro de poesia na gaveta não adianta nada.

Enfim, à guisa de *captatio benevolentiae*, vou contar umas coisinhas sobre a poesia que vocês vão pegar pela frente.

Não é um estudo.

Não é um ensaio.

Longe disso. Fica mesmo como um modo de olhar, um jeito de justificar o que fizemos, o cavalo deste transplante, pra ver se rende frutos, quem sabe safra inusitada.

Em primeiro lugar, toda a obra de Uljana Wolf está na tensão entre línguas. Seu primeiro livro, *kochanie ich habe brot gekauft* (*kochanie eu comprei pão*, de 2005), é um movimento pelas fronteiras físicas e linguísticas entre Alemanha e Polônia que já está no título do livro, e ainda mais explícito em poemas como "übersetzen" ("traduzir") e na série de poemas ligados a Kreisau (ou Krzyżowa, na Polônia), que remete ao importante grupo de opositores do nazismo. Traduzir estes poemas é, em parte, deslocar suas relações linguísticas e políticas, mas assim é que se traduz: deslocando relações, e não propriamente frases. Portanto mantivemos os vínculos com a Polônia e abrasileiramos o alemão, fazendo assim uma espécie de vínculo curioso que pode se abrir nesta Curitiba polaca em que vivemos. Aqui também tentamos recriar a série de ecos entre poemas (por exemplo, as recorrências na "sala de recuperação") ou metamorfoses lexicais (em "o pai senhor pai" por exemplo, a relação pai-pia busca recriar o jogo entre *vater* e *verrat*, pai e traição, deslocamento do nome do pai que daria muito pano pra manga dos estudos psicanalíticos), além do complexo jogo rítmico dos poemas.

Em *falsche freunde* (*falsos amigos*, de 2009), Wolf passou a tensionar o inglês e o alemão, resultado de sua experiência nos Estados Unidos, onde acabou se casando e tendo filhos com o poeta e tradutor norte-americano Christian Hawkey. Os falsos amigos são os falsos cognatos, que abundam nessas duas línguas, e a poética do livro, por um lado, gira em torno dos equívocos constantes que acabam por construir um terceiro mundo entre países, numa fusão de línguas (aqui entra, por exemplo, o DICHTionário, que evoca o termo *Dichten*, "fazer poesia" em alemão), e, por outro, expõe a violenta política migratória dos EUA e da Europa (como na série Aliens). Ou seja, as relações entre língua, mundo e política são mais explícitas e específicas. Diante disso, optamos por um experimentalismo radical: na série "DICHTionário", recriamos toda a relação alemão-inglês com os falsos cognatos latino-americanos do português-espanhol, isso demandou muita liberdade tradutória, para tentarmos reapresentar um procedimento peculiar de Wolf, porque o equívoco era o cerne da poética; já na série "SubSisters", sobre legendas, optamos por manter o inglês, que é a língua original dos filmes em questão, e traduzir o alemão, uma vez que essa questão está em jogo também nas relações cinematográficas entre Brasil e EUA; por fim, em "Aliens" mantivemos a relação alemão-inglês como português-inglês para reforçar as relações política de migração, que são ainda mais violentas quando se estabelecem entre um país mais rico e outro mais pobre, assim acreditamos que parte do impacto político pode ser até ampliado nesta série.

De seu último livro, *meine schönste lengevitch* (*meu lindo lenguache*, de 2013) retiramos poucas peças. É talvez o seu livro mais maduro, ao mesmo tempo que o menos experimental no que tange às fronteiras dos livros anteriores, embora o título aponte para uma continuidade. Buscamos aqui manter a lógica das relações e retomadas, recriando o ritmo dos poemas.

Não traduzimos a complexa trama de *Sonne von Ort*, mas gostaria de explicar e justificar essa escolha. Esse livro, feito em parceria com Christian Hawkey, é inteiro a partir de recortes dos poemas de *Sonnets from the Portuguese* (*Sonetos da portuguesa*), da poeta inglesa Elizabeth Barret-Browning (1806 – 1861), ou de "apagamento colaborativo bilíngue". Assim, extraindo palavras do poema, ao riscar o que será descartado, surge um poema novo. Mas a relação é ainda mais complexa, porque Hawkey faz esse procedimento com a edição inglesa, enquanto Wolf cria novos poemas a partir da tradução alemã feita por Rainer Maria Rilke. Ao fim, o poema inglês criado por Hawkey fica à esquerda, e o alemão de Wolf à direita, sugerindo um vínculo tradutório que é completamente enganoso, já que cada um extrai o poema como bem quis a partir das palavras de cada texto. O resultado é, pois, outro híbrido de línguas e, na verdade, ficamos perdidos até em decidir se os resultados do inglês seriam só de Hawkey e os do alemão só de Wolf; ao fim, temos um livro bilíngue que envolve ainda mais duas obras, com uma dupla assinatura que se multiplica a oito mãos. Talvez uma solução fosse criar poemas paralelos a partir das traduções que existem para português ou espanhol, mas como determinar isso como tradução já nos pareceu difícil demais.

Quem sabe no futuro.

Livros estão sempre abertos. À reescrita.

Livros podem dar certo ou errado, mas isso depende mais dos leitores do que de nós. Aqui o que mais valeu, e assim confesso, foi a aventura. Este livrinho é uma metamorfose, talvez um plagiotropismo escancarado, ou mera assunção da vontade de escrever que nem Uljana, de viver nesse amor de trincheira, fazer do trânsito de fronteira toda uma vida.

G.G.F.

Aus KOCHANIE ICH HABE BROT GEKAUFT

De KOCHANIE EU COMPREI PÃO

What's your name when you're at home?
Tom Stoppard

Qual o seu nome quando você está em casa?
Tom Stoppard

die verschiebung des mundes

gegen vier uhr morgens
beobachte ich
die verschiebung des mundes

das haus schließt
nach dem letzten
gähnenden windstoß
die lippen schmal wie lider

dagegen öffnet seinen rachen
der himmel: ein hellblau
nahe am gaumenzapfen
über den dunkel gespannten
zungenbögen der wälder

aus dem dunstigen mund
entspinnt sich regen lang
anhaltender atem: wie über
die wimpern des schlafenden
hinsprechend

a mudança da boca

lá pelas quatro da manhã
eu observo
a mudança da boca

a casa fecha
depois do último
golpe de vento bocejante
os lábios finos feito pálpebras

porém o céu abre a sua
garganta: um azul-claro
perto do palato
sobre os negros e tensos
arcos de língua dos bosques

da boca úmida
a chuva começa um longo
constante alento: como sobre
os cílios de quem dorme
falando consigo

G.G.F.

aufwachraum I

ach wär ich nur im aufwachraum geblieben
traumverloren tropfgebunden unter weißen

laken neben andern die sich auch nicht fanden
eine herde schafe nah am schlaf noch nah an

gott und trost da waren große schwesterntiere
unsre hirten die sich samten beugten über uns –

und stellten wir einander vor das zahlenrätsel
mensch: von eins bis zehn auf einer skala sag

wie groß ist dein schmerz? – und wäre keine
grenze da in sicht die uns erschließen könnte

aus der tiefe wieder aus dem postnarkotischen
geschniefe – blieben wir ganz nah bei diesem

ich von andern schafen kaum zu unterscheiden
die hier weiden neben sich im aufwachraum

sala de recuperação I

ah se eu só em recuperação ficara solta
em sonhos presa em gotas sob alvas salmouras

junto a outras também desencontradas
ovelhas de um rebanho em torno ao sono

então a deus e ao consolo lá estavam irmãs
ferinas nossas pastoras se inclinando sobre nós –

e nos apresentávamos a criptografia
humano: diga-me em grau de um a dez

quão grande é tua dor? – nem houvera limite
algum ali em vista que nos pudesse abrir

de volta das profundezas e do pós-narcótico
despertar – ficaríamos bem próximos a este

eu de outras ovelhas quase indistinguível
que pastam ao seu lado na sala de recuperação

R.P.

aufwachraum II

ach wär ich nie im aufwachraum gewesen
taub gestrandet schwankend in der weißen

barke neben andern barken angebunden –
ja das ist der letzte hafen ist der klamme

schlafkanal mit schwarzen schwestern die
als strafgericht am ufer stehn und dir mit

strengen fingerspritzen drohen: tropf und
teufel meine liebe können sie mich hören

und hören kannst du nichts nur diese stille
in den schleusen sanitäres fegewasser das

dich tropfenweise aus dem schlauch ernährt –
als unter deinem bett das meer mit raschen

schlägen dich zurückraubt in den traum von
stern und knebel fern vom aufwachraum

sala de recuperação II

ah se eu nunca em recuperação restara
surda encalhada e flutuante em brancas

barcas perto de outras barcas presas
sim este é o porto último é o úmido

canal do sono com irmãs negras que
como um tribunal estão à margem e

te ameaçam com seringa em riste: gotas
e diabos meu caro podiam me ouvir

e você nada pode ouvir só esta calma
na comporta do purgaquário sanitário

que gota a gota pela cânula te nutre –
enquanto sob tua cama o mar acelerado

no baque te furta de volta de um sonho de
astro e garrote pra fora da sala de recuperação

R.P.

mein flurbuch

I

meine väter
sind einfache männer

sie haben töchter
wie ich eine bin

wir fragen geschickt
wir tragen gespickt

unseres vater wort
noch in die dunkelsten wälder

meu cadastro

I

meus pais
são homens simples

eles têm filhas
como eu bem sou

perguntamos com trato
trajamos bordado

a palavra do pai
mesmo nos bosques mais negros

II

meine väter
sind keine einfachen männer

sie haben töchter
wie ich eine bin

wir sagen geschickt
wir jagen geschickt

unseres vaters wort
noch in den dunkelsten wäldern

II

meus pais
não são homens simples

eles têm filhas
como eu bem sou

falamos com trato
caçamos com trato

a palavra do pai
mesmo nos bosques mais negros

III

meine münder
sind keine einfachen väter

der erste spricht
ich habe vermessen

der zweite schweigt
ich wurde vergessen

der rest ist sich uneins
der rest setzt sich durch

III

minhas bocas
não são pais simples

uma fala
fiz a medida

outra cala
fui esquecida

o resto é desacordo
o resto prevalece

IV

meine väter
sind einfache vermesser

der erst geht
der zweite ruft
der dritte verbindet
die länder zu zahlen

IV

meus pais
são agrimensores simples

um vai
um chama
e outro ajunta
terras pra contar

V

meine väter
sind keine einfachen vermesser

der erste bleibt
der zweite weint
der dritte trägt ein
was die karten verschweigen

V

meus pais
não são agrimensores simples

um fica
um chora
e outro averba
o que os mapas calam

VI

meine münder
sind einfache töchter

unsere flurbücher
tragen wir emsig
unter den herzen

wir schreiben hinein:
die liebe hat maße
verlässlich mit datum und ort

VI

minhas bocas
são filhas simples

nossos cadastros
trazemos atentas
sob os corações

escrevemos nele:
o amor tem área
fiável com data e lugar

VII

meine töchter
sind keine einfachen münder

wir trauern lange
wir lauern trotzig
wir schreiben in klammern:

die liebe streunt
umher in den karten
(wir habens gesehn)

VII

minhas filhas
não são bocas simples

sofremos tanto
teimamos na espreita
escrevemos em parênteses:

o amor vaga porém
ao redor dos mapas
(já vimos isso)

VIII

meine väter
sind keine einfachen reime

die liebe raucht um die wette
mit einer filterzigarette

meine töchter
sind keine albernen münder

(aber das musste sein)

VIII

meus pais
não são rimas simples

no jogo o amor fuma um cigarro
com filtro sem fazer pigarro

minhas filhas
não são bocas bobas

(mas deviam ser)

G.G.F.

der vater herr vater

der vater herr vater hält wort
anhält der vater das wort
angehalten jeder
dem vater das wort
zuzutragen

zurück und gehalten
hat der vater herr vater
noch jedes wort
für einen verrat

o pai senhor pai

o pai senhor pai tem palavra
detém o pai a palavra
mantida cada um
a palavra pro pai
reunir

de novo e detida
o pai senhor pai contém
ainda cada palavra
no ralo da pia

G.G.F.

obst

niemals kann man
sagt der vater herr vater

die familie obst
in den händen halten

einzig kann man
sagt der herr vater

einen spross
apfel oder birne

in den händen
halten herr

fruta

nunca se pode
diz o pai senhor pai

firmar o fruto família
numa das mãos

só se pode
diz o senhor pai

firmar um broto
maçã ou pera

numa das
mãos senhor

G.G.F.

übersetzen

mein freund: das ist
unsere schlaglochliebe
unser kleiner grenzverkehr
holprig unter zungen

unser zischgebet
und jetzt streichel mich
auf diesem stempelkissen
bis der zoll kommt

mein freund: oder wir
schmuggeln flügge
geschmacksknospen
gazeta wyborcza und

münzen münzen
in einer flüchtigen
mundhöhle randvoll
zur stoßzeit

traduzir

meu caro: esse é
nosso amor de trincheira
nosso trânsito de fronteira
acidentado sob as línguas

nossa oração sussurrada
e agora me afaga
nesta almofada de carimbo
até chegar a alfândega

meu caro: ou podemos
traficar plenas
papilas gustativas
gazeta wyborcza e

cunhar moedas
na fugaz cavidade
bucal lotada
em hora de pique

G.G.F.

kochanie ich habe brot gekauft

so bildet die fremde
gespräche aus

ich erkenne sie
mit warmem rücken

mit geschlossenen augen
in einem doppelbett

noch immer ohne muster
ohne richtig antwort

nur die gewöhnung
an berg und tal

wie sich was
zu hälften fügt

auf einer übersetzbaren
matratze

kochanie eu comprei pão

assim a estrangeira
faz sua conversa

eu a conheço
com costas quentes

com olhos fechados
numa cama de casal

ainda sem modelo
sem resposta certa

apenas o costume
em monte e vale

como algo que
se adapta a metades

sobre um colchão
traduzível

G.G.F.

herbstspiel

du kennst den scherz:

die blätter links
die äpfel rechts

dann muss den baum
einer umreisen

bis ihm der schmerz im fuß
die ankunft nennt

du kennst den fuß
du weißt wohin

dein eingekreistes herz
sezt rinde an

peça outonal

você conhece a piada:

folhas à esquerda
maçã à direita

então alguém deve
rodear a árvore

até que a dor no pé
indique a chegada

você conhece o pé
você sabe aonde

teu coração circulado
cria casca

G.G.F.

kreisau, nebelvoliere

streng genommen hast november du
mich an deine weiße nebeldichte brust

was sag ich brust ein klappriger kasten
ein käfig mit garten und diesigem tand

darin ein alter vogel auf der stange sitzt
halb winter halb spitzengewirkter volant

wie nahmst du mich wie kam ich ins tal
wie scheuchst du mich zwischen eichen

dein fiepender atem in der allee flicht
feuchte netze ums geäst zum labyrinth

halbblind bin ich in deinem rippenlicht
und schwindlig geliebter als hättest du

für immer das schimmlige gitter gewebt
um den vogel dein schwebeteilchen herz

kreisau, névoaviário

a rigor você novembro me tem
junto ao teu peito branca névoa

o que eu disse peito uma caixa abatida
gaiola com jardim e bobagens brumosas

e lá uma ave velha pousa no poleiro
metade inverno metade voo enredado

como você me prendeu como eu vim ao vale
como você me espanta entre carvalhos

teu alento choroso trança na alameda
úmidas redes como rama e labirinto

estou semicega em tua luz de costela
e sinto vertigem querido como se

você sempre tecesse a grade embolorada
em torno à ave teu aéreo coração

G.G.F.

an die kreisauer hunde

o der dorfhunde klein gescheckte schar: schummel
schwänze stummelbeine zähe schnauzen am zaun

euch gehört die straße der staub am asphalt saum
euch die widerhallende nacht im schlafenden tal

jedes echo gehört euch: der zuckende rückstoß
von klang an den hügeln hierarchisches knurren

und bellen in wellen: heraklisch erst dann hünen
haft im abklang fast nur ein hühnchen das weiß:

wer hier nicht laut und geifer gibt den greift sich
die meute in lauffeuer kehlen verliert sich der ort

so mordio etc. vermesst ihr die welt in der senke
beherrscht jeden weg jeden fremden und mich –

euch gehört meine fährte mein tapferes stapfen
euch meine waden   dorfauswärts zuletzt

aos cães de kreisau

ai minimatilhas de malhados cães de vila: falsos
rabos patas parcas focinhos sobre a cerca

a rua é sua junto ao pó na orla do asfalto
é sua a noite que ecoa no vale adormecido

cada eco é seu: a repercussão contorcida
do som dos montes do rosnar hierárquico

das ondas ladrantes: primeiro hercúleo então gigan
tesco no ressoar quase só uma galinha sabe:

aqui quem não brada nem baba é tomado
pelo bando em gargantas em chama perde o lugar

feito lobo etc. vocês medem o mundo na baixada
dominam cada estrada cada estranho e a mim –

é sua a minha trilha o meu passo sem compasso
a minha panturrilha   enfim fora da vila

G.G.F.

nachtrag an die kreisauer hunde

wer sagt gedichte sind wie diese hunde
im dorfkern vom eignen echo umstellt

vom warten und scharren bei halbmond
vom sturen markieren im sprachrevier

der kennt euch nicht ihr rasenden kläffer
kassandren im lautrausch der wallachei

denn ihr fügt was wort ist und was wade
hinterrücks in tollkühnem biss

zusammen als wär ein bein nur ein blatt
und die ordnung der dinge ein tausch:

in meinem stiefel noch der abdruck
eurer zähne – vom tacker vier zwacken

so lohnt ihr dem vers der euch nachlief
folgt welt wohl der dichtung   bei fuß

adendo aos cães de kreisau

quem diz que poemas são como esses cães
cercados por seu eco em plena vila

pela espera e patada na minguante
pela marca teimosa de áreas da língua

não os conhece seus latidores loucos
cassandras no barulho da valáquia

vocês trazem palavra e panturrilha
por trás numa mordida intrépida

juntos como se perna fosse apenas folha
e a ordem das coisas mera troca:

em minha bota ainda a marca
dos seus dentes – isca mordiscada

a paga pelo verso que os persegue
o mundo pega a poesia   no pé

G.G.F.

Aus FALSCHE FREUNDE

De FALSOS AMIGOS

At the moment of translation, there is a synapse.
The uncrossable that will be crossed.
— Erín Moure

No momento da tradução, acontece uma sinapse.
O inatravessável que será atravessado.
— Erín Moure

dust bunnies

wir wollten über kleine tiere sprechen, wollten auf die knie gehen für die kleinen tiere, jene aus staub und schlieren, in ritzen und dielen, jene, die in grauen fellen frieren, unsere tiere aus nichts. wir wollten auch ganz nah in deiner sprache und in meiner hauchen, sag mir liebes, hast du heute schon gesaugt. nein, wir wollten unsere tiere nicht erschrecken, klein wie flecken, sind das flecken, haben sie nicht puschelschwänze, lange löffel, oder lange schwänze, tuschelohren, wollten wir nicht weniger rauchen, weniger husten, weniger entweder oder sein. gestern war die zimmerecke einsam in ihrer knarzenden öde. heute is sie hort, heute zärtlichen horden ein port, wir wollen also still sein, auf den knien lauschen: unsere kleinen tiere, wie sie ihre wollenen, mondgrauen namen tauschen.

dust bunnies

queríamos falar de bichinhos, queríamos nos ajoelhar pelos bichinhos, os de pó e risco, em fenda e chão, os frios de pele gris, nossos bichos do nada. também queríamos respirar bem perto da tua língua e da minha, diga querido, você já sugou hoje. não, não queríamos assustar nossos bichos na veia, pequenos feito aveia, são a aldeia, não têm rabo de pompom, orelha longa ou rabo longo, ouvido dos bons, não queríamos fumar menos, tossir menos, ou sequer ser menos. ontem estava o canto do quarto solitário em seu ermo rangente. hoje ele é refúgio, hoje é porta para tenras hordas, por isso queremos ficar em silêncio, escutar nos joelhos: nossos bichinhos, como eles trocam seus nomes de lã e lua-gris.

G.G.F.

Aus "DICHTionary"

ein deutsch-englisches
wörterbuch
für falsche freunde
verstreute cognates
und andere verwandte

De "DICHTionário"

um dicionário
português-espanhol
para falsos amigos
cognatos verdadeiros
e outros parentes

apart – art

am anfang war, oder zu beginn, welche art laut, oder leise, listen, when they begin the beguine, und wann ist das. und muss, wer a sagt, gar nichts, wer b sagt, der lippen sich gewiss (gebiss erst etwas später) und sein: sei sprechen dann die art of falling aus einander, der stille, dem rahmen, immer apart, so ausgefallen wie nur eben ein.

gracioso – grasa

no princípio a grasa. ou pra empezar, com arte alta, ou silenciosa: escucha quando empiezan las beguinas, e quando é isso. e quem diz a, não quem diz b, deve estar com lábios certos (dentições só algo mais tarde): era falar então a arte de quedar solo, além do silêncio, do marco, sempre esquisito, gracioso como a penas um.

G.G.F.

bad – bald – bet~t - brief

am anfang bald, und bald am ende wieder: unsere haare, und dazwischen sind sie nicht zu fassen, nicht in sich und nicht in griff zu kriegen, weder im guten noch im bad. stattdessen morgens zu berg (take a bet?) und nachts out of bed (siehe ad). am besten hältst du sie als igel, der hat noch jeden hare besiegt. liegt aber eine strähne im brief, gar eine lange, halte sie unverfänglich an die wange.

queda – quitar

no princípio calvo e calvo no fim: nossos cabelos, e não são fáceis de tirar, nem de quitar, solo o mano, por banho ou por mal. em lugar de mañana até montanha (dudas de mi?) e noite fuera de la cama (mira allì). melhor mantê-los como ouriço que derrotou cá os conejos. mas bota uma mecha na carta, uma bem longa, que queda inofensiva sobre a face.

G.G.F.

clam – chef

als boss ein falscher freund, als kitchen man in bessies tross: ein loch, love, ist alles, was blieb. liebe hier gemeint als donut, also known as: du not go. or i'll go nuts. or so it goes. die lieder, durch mägen, küchen. klamme hände kamen darin nicht vor. die männer hießen sam, and lord, how they could open clam. von ihren anderen kooky künsten wollen wir lieber schweigen, oder summen, mit zuckrig vollem mund.

When I eat his donut, all I leave is a hole.

— Bessie Smith

calhar–como

como chefe um falso amigo, como cocinero nos trens da bessie: um buraco, amore, é tudo que resta. amor aqui se entiende por donut, también conocido por: tu no debes partir. o yo me dano. o así sigue. a canção, entre estômagos, tripas. mãos granadas nem pintaram por aqui. os homens se chamavam grão e señor, como sabían abrir una ostra. sobre sus otras artes galleteras mejor calhar, o zumbir com a boca toda a su cara da.

When I eat his donut, all I leave is a hole.

— Bessie Smith

G.G.F.

elf–enkel

ich habe, wenn ich ehrlich bin, einen elften finger, und wenn ich lüge auch. es ist ein knubbelfinger, der elfte, mit knarzenden knöcheln, so sähe das wort kobold aus, käme es als finger auf die erde, oder unter. an den zähen gelenken hängen sonntags meine enkel und schaukeln. all das kommt plötzlich, trotzdem wahr, wenn wind geht, kannst dus in den angeln quietschen hören.

más – mala

eu tenho, quando honesta, um dedo a mais, e se minto também. é um dedo inflamado a mais, y com juntas más, assim soaria a palavra duende se aparecesse sobre a terra, ou em bajo. aos sábados ela se pendura na articulação e balança como una mala. tudo que vem de repente, mesmo veramente, quando venta, você sente ranger na bisagra.

G.G.F.

fall / falls / fast / fell / flog

to flog a dead horse: vergeblicher sport. wir wollens lieber wieder fliegen sehn, ohne striemen stehn im stall, im herbst, in jedem fall before it fell: well & lebendig. und falls wendig, fast as water: schillerndes fell, wir striegelten faster, dass keiner einen riegel schöbe vor den quell, eine regel, oder riemen, oder was sich sonst hier schindend pflog.

azoto

azotar un cavalo morto: que esporte tolo. preferimos vê-lo voar de novo, sem estrias dentro de sua baia, ou na sua falta, antes que caya: bien e vivo. e se ágil, que seja rápido como água, un saco brillante, que levou astucioso, que nenhuma porta o trava contra a fonte, nenhuma regra ou correia, ou mais nenhum azoto.

R.P.

glut – gift – gift

julklapp, wir dachten ja, liebe sei nichts als julklapp. verlegenheiten gab es, hülle und fülle, verbrennen konnte man sich, den weg einschlagen, der die schleife macht, das buch, das bild, kaum heiße ware, doch viel rauch. bis eine gelegenheit kam, die uns wahrnahm. wir wurden diebe. wir nahmen ein herz, und das gegenherz ein: möglich wärs, wir sind uns jetzt präsent.

presente – prejuicio

julklapp, pensei que o amor não era apenas julklapp. restrições acontecem em abundância, podría queimar, seguir o caminho que o nó faz, o livro, a imagem quase realmente quente porém por demais fumacenta. então vieram os hectares das oportunidades. o coração e o contracoração têm ladrões. talvez agora, un y otro seamos presentes.

R.P.

vase–( )

a vase is a vase is a vase und das gilt, scheints, für jedes wort das tiefer ist als breit. bereit? ornament is not a vase although it comes with one. word is some people come in what they think must be a vase, for they deflower it. what a lack of depth, and wit. ornament, ornament, i'm tired of your bored lament. you need a lover who would write a vase a letter: dear word, you're not a vessel.

vaso–( )

un vaso es un vaso es un vaso y é verdade, ao que parece, para toda palavra tão larga quanto ancha. é isso? ornamento no és un vaso, aunque venga con un. palabra que dicen que ciertas personas piensen tirar un vaso, para deflorarlo. que falta de profundidad y sagacidad. ornamento, ornamento, estoy farto de tu aburrido lamento. necesitas un amante que escriba una carta a un vaso: cara palabra, no es privada.

R.P. & G.G.F.

(z)et – (z)oo – (z)u

mister, we've been to the zoo, but it was closed. wir wollten die entblößung unserer zähne trainieren, studieren das stimmhafte sehnen zum beispiel der zebras, weil alles zueinander anders sagt, mal so und mal zoo. zuletzt entdeckten wir, verzagt am zaun, ein echsenset. wir nannten sie ginger und fred. it seems, you said, they never called the whole thing off. das gab uns reichlich stoff für den heimweg.

señor, estuvimos en el zoo, sin embargo estaba cerrado. entreter nossos dentes ao ar livre. estudar o longo vocalize para dublar zebras, porque todo em si mesmo é distinto assim é uma vez, vez outra é zoo. Finalmente, cerca a la cerca, descobrimos desesperados lagartos por nós chamados ginger y fred aparentemente, deciste que cancelaron todo. isso rendeu assunto no caminho de casa.

R.P. & G.G.F.

Aus "Subsisters"

> All subtitles invariably transform the original text. … Transformative subtitling implies that the original is not only what it is, but that it also exceeds itself.
>
> — Eric Cazdyn

De "Subsisters"

Todas as legendas sempre transformam o texto original. Legendar transformadoramente implica que o original não é apenas o que é, mas também o que excede a si mesmo.

— Eric Cazdyn

3 OV

mit jane, sie könnte meine tante sein, freud und leid im club geteilt. ich sage baumschule, jane beehive. sonst kaum übereinstimmungen. aber der garten, der gärtner, das glühende rot des ahorn und der rosenstock am haus: ich ermutige jane zu allem. im grunde ist sie, gegen die untergehende sonne, noch immer ein hingucker. ihr kopftuch arbeitet für sie, in der sonnenbrille, beim abschied, fließen die häuser der straße zurück in ihre zierfarben.

3 VO

com jane, que até poderia ser minha tia, alegria compartilhada e tristeza no clube. eu digo berçário, jane diz colmeia. de outro modo dificilmente seria consistente. mas o jardim, o jardineiro, vermelho brilhante do arce e do roseiral em casa: eu encorajo jane a qualquer coisa. basicamente, é contra o sol poente, uma belezinha para um espectador. seu lenço para eles funciona melhor, e nos óculos de sol, na despedida, o fluxo de casas na estrada abriga cores miniaturas.

R.P.

mit jane verbanden meine tanten immer freud. ihr leiden unterteilt in die farben baumschule und beehive. meine vereinbarung mit jane war der garten, darin wir die gardner, das glühende holz des ahorn und den roten gehstock unterbrachten: jane war so mutig, alles allein zu vergraben. aus dieser tiefe hebt sie, mit untergehender sonne, den blick, was davon bleibt, unterm kopftuch. in den gläsern arbeitet die straße sich in ihre zierhäuser vor.

my sister was too old for the nursery but the

gardner on the other hand wasn't old enough

3 OcT

com jane combinavam minhas tias sempre alegres. sua tristeza foi dividida nas cores do berçário e da colméia. jane era meu acordo com o jardim onde acomodávamos o jardineiro, a madeira brilhante do arce e a bengala vermelha. jane era tão valente a ponto de enterrar tudo sozinha. dessa profundidade, ao pôr do sol, elevava o olhar, ou o que restava dele, sob o lenço na cabeça. nos copos, ganhavam terreno lentamente as ruas com suas casas em miniatura.

my sister was too old for the nursery but the

gardner on the other hand wasn't old enough

R.P.

Aus "Aliens"

alien adj. ***1 a***: belonging or relating to another person, or thing: STRANGE ***b***: relating, belonging, or owing allegiance to another country or government: FOREIGN **2**: differing in nature or character typically to the point of incompatibility; n ***1***: a person of another family, race or nation **2**: a foreign-born resident who has not been naturalized and is still a object or citizen of a foreign country **3**: EXTRATERRESTRIAL

Webster's Ninth New Collegiate Dictionary. Springfield, Massachusetts, 1998.

De "Aliens"

alienígena adj.2g.s.2g. *1* que o quem é natural de outro país; estrangeiro, forasteiro **2** fig. que ou o que PERTENCE A OUTROS MUNDOS.

Dicionário Houaiss da Língua Portuguesa. Rio de Janeiro: Objetiva, 2001.

Alien I: Eine Insel

auch auf Ellis Island hatte das Schicksal die Gestalt eines Alphabets. Sanitätsoffiziere untersuchten rasch und zügig die Ankömmlinge und zeichneten denen, die sie für verdächtig hielten, mit Kreide einen Buchstaben auf die Schulter, der für die Krankheit oder das Gebrechen stand, die sie ausgemacht zu haben glaubten

— Georges Perec und Robert Bober

Alien I: Uma Ilha

Também na Ilha de Ellis o destino tinha a forma de um alfabeto. Agentes de saúde investigavam rápida e velozmente os recém-chegados e naqueles que considerassem suspeitos eles marcavam com giz algumas letras sobre seus ombros, para indicar alguma doença ou deficiência que supunham ter identificado

— Georges Perec e Robert Bober

X Suspected mental defect

x marks the spot? und ob. wir, überführt allein durchs irre hiersein, auf der stelle, am kopf der steilen treppe, in sechs sekunden ist alles entdeckt: wir sind die stelle selbst. stinkende inseln. in tücher gehüllt, üble see im leib, imbecile, labil, im besten fall bloß durch den wind. ein flatternder zettel zwischen den zähnen, name, passage, die schatzkarte. selbst ausgegraben, selbst hergetragen. in der gepäckstation: "ein blick auf die bündel, ich weiß alles. die knoten verraten den knüpfer, seine zitternde hand".

X Suspected mental defect

x marks the spot? e como! nós, transferidos sozinhos por um ser-aqui insano, ao lugar no topo da escada íngreme, em seis segundos tudo se revela: somos o próprio lugar. ilhas fétidas. enrolados em lenços, onda doente na carne, imbecis, lábeis, na melhor hipótese despidos pelo vento. uma folha tremendo entre os dentes, nome, passagem, o mapa da mina. autoexumados, autotrazidos. na sala de bagagens: "só de olhar os embrulhos, já sei tudo. o nó trai o atador, sua mão trêmula".

G.G.F.

S SENILITY

fällt unter vermischtes. dumbfounded, flabbergasted, oder inoffiziel: "factory no want old men". women auch nicht. woher man, mit einem jahrhundert auf dem buckel, wissen soll, welcher tag heute ist. hier ankreuzen: der erste an land, der letzte luzide, oder, ist man zu alt, der jüngste. ja, diesen körper habe ich selber gepackt, diesen sohn selber geboren, mit ohren, zwei mal zwei, einen anderen schon verloren. gram ist vier. lynch fünf. ob ich weiß, wohin? ob ich ein möbel bin? oh möglichkeiten, unbegrenzt.

cai numa mistura. dumbfounded, flabbergasted, ou extra-oficial: "factory no want old men". nem women. pois como alguém com um século na corcunda vai saber que dia é hoje. marque aqui: o primeiro a pisar em terra, o último lúcido, ou é velho demais o caçula. Sim, eu mesmo embalei este corpo, eu mesmo pari este filho, com ouvidos, dois por dois, outro já perdi. dor deu quatro. linchar cinco. se eu sei pra onde ir? se sou móvel? ó possibilidades, ilimitadas.

G.G.F.

Alien II: Liquid Life

Now you're checked in passing, and instead of being judged innocent or guilty you're registered as liquid.

— Brian Massumi

In short: liquid life is a precarious life, lived under conditions of constant uncertainty.

— Zygmunt Bauman

Alien II: Vida Líquida

Agora que conseguiu passar, em vez de ser julgado inocente ou culpado, você é registrado como líquido.

— Brian Massumi

Em suma: a vida líquida é uma vida precária vivida sob condições de constante incerteza.

— Zygmunt Bauman

hochwertige
einwand-
er
er
sind zu entneh-
men für den vorgesehenen satz

Wiedergabe
nicht
ohne Kopf

von den übrigen

Uniformteile bilden

imigrantes

a-

prova

dos

podem ser leva-

dos numa taxa prevista

Restituições

sem

cabeça

das outras partes

do uniforme não ocorrem

Passagiere

unterschreiben
ihre freiwillige Teilnahme am

übertritt

So wird ein
Iris Templ
erzeugt

Passageiros

assinem
sua participação voluntária na

passagem

Assim um templo
de íris será
criado

mit der Iris des Menschen
muster

lesen Die Iris
trägt ihn immer bei sich

Ein
Blick genügt

und
Der
eigene

sensible Bereich kann ohne
Hotels
Gäste haben einfach
und Bequem

com a íris   dos homens
padrão

leem A íris
sempre o traz consigo

Um
olhar basta

e
A
própria

zona   sensível   pode sem
hotéis
ter hóspedes   simples
e comodamente

Wohlfühlen
und
Transport
in
alle Welt
gelassen
wie
einen Anschlag planen
die Charme-Offensive
der westlichen Welt ist so

auf Socken oder
barfuß
zeigen

Passagiere
ihr
Recht auf freie gebrauchte und
schwarze

körper

sowie Nägel am Knöchel

Bem-estar
e
transporte
em
todo o mundo
plácidos
como
um plano de ataque
a charme-ofensiva
do mundo ocidental está tão

sem chão ou
descalça
mostrem

passageiros
seu
direito de livres usados e
negros

corpos

bem como pregos no tornozelo

Passengers welcome that advance

to pose to
a screener in a “remote location”

where the whole body

widely known for
years would be
used for the relatively
excellent
performance
slow
and a longtime

“You stay here and
whirr and
arch

and wait for the

Passengers welcome that advance

to pose to
a screener in a "remote location"

where the whole body

widely known for
years would be
used for the relatively
excellent
performance
slow
a longtime

"You stay here and
whirr and
arch

and wait for the

general
anomalies the body
should be the red flag to the operator"
faces
and private parts
do not
have the capability to

know they're
not those images "We're
it"

general
anomalies the body
should be the red flag to the operator"
faces
and private parts
do not
have the capability to

know they're
not those images "We're
it"

Durch Piktogramme wird der Teilnehmer

gültig

frei und gleich

Im inneren

erzeugt

der lokale

Andere

manuelle Grenz

Spuren im Bereich B

des

Teilnehmer s

Com pictogramas o participante torna-se

válido

livre e igual

No interior

cria

o Outro

local

traços manuais

do limite na Zona B

do

participante

i m

Innern

einer automatisierten Grenz

Person

kann

die

Augen polizei

nur eingeschränkt

frei

nehmen

fahren bietet fliegenden Personen eine

bequeme Alternative zur herkömmlichen

Luft

Die freiwillige erde

begleitet das Projekt

n o
interior
duma automatizada
pessoa
limite

pode
a
polícia ocular

só levar
com liberdade
limitada
dirigir oferece a quem voa uma
alternativa confortável para o ar

convencional
A terra voluntária

acompanha o projeto

You a Homeland
are
property of US
There is no
privacy The use of a
or any other
in this system
is not national

or of data contained herein or in
transit to/from
US Anyone
who
alters damages destroys
us
may be subject
and any
subject is a
purpose
wrongdoing us a performance
of
activities without notice

You a Homeland
are
property of US
There is no
privacy The use of a
or any other
in this system
is not national

or of data contained herein or in
transit to/from
US Anyone
who
alters damages destroys
us
may be subject
and any
subject is a
purpose
wrongdoing us a performance
of
activities without notice

G.G.F.

"look on my card"

wir wollten über diesen satz wie eine stadt uns beugen, punkt erzeugen, mundraum, traum vom hören, oder sagen: hier, in diesem netz aus zungen, ist ein weg gelungen, ein versehen, verstehen. auf unseren stirnen, die sich fast berührten, klebte lingua franca, schon legende: you are here, i am who, ein routenspiel, doch was wir sprachen, kam nicht an. die roten linien schnaltzten, rollten sich zurück in ihre eigenen namen, raunten mit dem griechen chartis, carta aus italien und karte, also mir: sieht aus, als wären wir hier. almost true friends. so fanden wir, mit falschem wort, den ort, und falteten den rest der stadt, nach art des landes, wie man sagt, in mappen ein.

"look on my card"

queríamos deitar sobre esta frase feito uma cidade, marcar ponto, boca-espaço, sonho de ouvido, ou dito: aqui, nesta rede de línguas, não míngua a via estranha, um engano, entendimento. em nossas testas quase se tocando colou-se língua franca, já lendária: you are here, i am who, um jogo de rotas, mas o que falamos não chegou. a linhas vermelhas estalavam, rolavam de volta ao próprio nome, murmuravam com a chartis grega, carta do italiano e carta, também pra mim: parece que estávamos aqui. almost true friends. assim achamos, com falsa palavra, nossa parada e dobramos o resto da cidade, pelo tipo de terra, como se diz, encartada.

G.G.F.

Aus MEINE SCHÖNSTE LENGEVITCH

De MEU LINDO LENGUACHE

morgen früh geh ich zu den gerüstbauern, sage: seid ihr nicht die dolmetscher der kanzlerin, deren sache es ist, sich in gehauchtes nichts zu verwandeln? sehts mal so: westwind rein, pfeifen raus, schon leuchtet hinter den netzen das haus, von anderen geweißt, versteht sich. weil es trägt ja, trägt. bald sind die netze eingerollt, abgeseilt, ein laster steht bereit, huckelt anderen nummern zu. war das bucklige pferdchen (russ. märchen) nicht auch ihr? he, gerüstnik, bleib mal hier. dass ich flüstern lerne, das kleine stühlchenspiel, wer wollte mir diese brücke abschlagen? kopf hoch, deiner ist noch dran. andere wollen sich dann tagelang waschen.

DISCURSO SOBRE O DESAPARECER

amanhã cedo vou aos pedreiros andaimados, digo: vocês não são os intérpretes da chanceler cuja função é se transformar num nada aspirado? vejam só: vento oeste adentro, assobio afora, já brilha a casa por detrás das redes, caiada por outros, é claro. porque aguenta, sim, aguenta. logo as redes estão enroladas, desatadas, um caminhão está pronto para chacoalhar noutros números. o cavalinho corcunda (lenda russ.) não era dela? ah, andaimnik, fique aqui. que eu aprendo a sussurrar o joguinho das cadeiras, quem quer me declinar essa ponte? cabeça erguida, a tua ainda está aí. outros querem se lavar por dias a fio.

G.G.F.

KLEINE STERNMULLREDE

sist zappenduster im gedicht, welche sprache es wohl spricht? sternnase anstellen, tasten, fahnden. schmale fläche hier, seidene falz. könnten tofuwürfel sein. oder toffee, wenn die ränder schroffer wärn. immer liegt alles an den rändern, und wo lieg ich? verweilung, auch am vertrautesten nicht. lange gänge, mischung der schichten, luft rundum – will sagen: terrine. oder terriersnack. ach käm ich weg, nach draußen, wo die fahnen der namen wehn, ich fänd ein wort für meine lage. aber wo nehm ich, wenn in dunklen regalen, und wo ein sauberes sprechen, eigen rechts und feigen links? ich höre husten, dumpfes traben. naht er schon, der hundefreund? ein grenzermund? oder trecker, ja: verkauf die mal.

Produkte, die in Deutschland verkauft werden, müssen auch deutsch beschriftet sein.

— Erika Steinbach, Mitglied im "Verein deutsche Sprache"

BREVE DISCURSO-TOUPEIRA-ESTRELADA

é um negro breu no poema, que língua o fala bem? nasoestrela trabalha, tateita, procura. aqui uma superfície achatada, vinco sedoso. poderiam ser cubos de tofu. ou toffee, se as bordas forem bruscas. tudo sempre está nas bordas, e onde eu estou? demorar, nem sequer no costumeiro. longos percursos, mistura de estratos, ar ao redor – quer dizer: terrina. ou terrier né. ai se eu fosse embora, pra fora, onde as bandeiras dos nomes sopram, encontraria a palavra pro meu estado. mas onde eu levo, se em negras prateleiras, e onde uma fala polida, alçadas à direita, falseadas à esquerda? escuto tosse, trote chato. ele já chega, o cãoamigo? uma bocalfândega? ou caminhante, sim: compre já.

Produtos vendidos na Alemanha devem ser rotulados em alemão.

— Erika Steinbach, membro do "Clube de língua alemã"

G.G.F.

BOUGAINVILLE

I

vertüpfelter morgen, wie er unterm nebel aufsteigt,
wies unterm löschblatt durchweicht, wasserfarben,
hang aus blattspitzen und hang zu zipfelndem tüll,
schält sich ein ästlein aus dem kostüm, hat keinen
körper, streckt sich, besinnt sich auf (grün) und die
nervenenden in der schulter des tals begrüßen das,
bewegen den arm, sie legen die hand auf den tisch,
zu den knoten, blüten, der nicht zu fassenden luft —

BUGANVÍLIA

I

manhã pontilhada, erguendo-se por sob a
névoa como cede ao mata borrão, aquarelas
pendida das folhas, pendida no tule pontado
descasca-se um ramo do traje, não tem corpo
algum, estica-se, recobra-se (verde) e as
pontas nervosas no ombro do vale o saúdam,
movem seu braço, pousam a mão sobre a mesa
junto aos nós, às flores, do ar inapreensível —

II

fehlen nebenblätter, fehlen fassliche gründe um
dich herum und ist dieses verholzene komplott
ein tatort der beschreibung, häutig, rippig, sind
so oft die griffel besetzt mit papillen, kapier das,
ohne ein anschauen, ausgesetzt allein dem anprall
der vokale zwischen haaren, stacheln, lässt es sich
verwachsen, lässt sich einheimsen, zipfliger saum
samt etwa lanzettlicher spreite, kopier das, im
zwittern der signale —

II

faltam estípulas, faltam bases inteligíveis ao
teu redor e seria esse complô lenhificado uma
cena da descrição: membranosa, acostelada,
amiúde um pistilo com papilas, escute bem,
sem uma visão, sozinha exposta ao impacto
das vogais entre cabelos, espinhos, isso pode
cicatrizar, isso pode se recolher, borda pontada
com algo de limbo lanceloado, anote, em sinais
hermafroditas —

III

finde eiförmige hochblätter, finde heute am wegrand
noch inseln, zweideutig, vieläugig leuchtend, aus
welcher nähe wären sie umsegelt, mit welchen händen,
als seemann gekleidet, wären sie verstanden, paarige
beutel und pralle stände, wie gepresst, warst du nicht
gestrandet in der ausgesetzen luft, sammelnder mund
und umschlag von farbe in ware, in wahnsinn, wie das
weiterheckt und dich mit einem wort: einsträuchert —

III

ache espatas ovais, ache hoje à beira da estrada
ainda ilhas, ambíguas, ocúleo-deslumbrantes, de
qual vizinhança circunavegaram, com que mãos
vestidas de marinheiro seriam entendidas, sacos
parelhos e cachos inchados, compressos, você
não encalhou no ar exposto, boca coletada
e embrulho de cor no produto, loucura, como
isso ainda brota e numa só palavra te: arbusta —

IV

sag nach erstem augenübergehen wie fäden wandern,
sich verbreiten über mauern, zäune, lippen netz aus
kleinen explosionen, oder plosiven, probier das, hier,
zier dich, mundstülpen und brüchige haut oder nach
innen fächern, lose falten, *paperflowern*, folge dem
namen zur insel zurück, sag solos ist eine sprache,
die blume *plaua* nennt, aufprall kennt, auch solches
borgen, fracht gepflückter blüten —

IV

diga após o pasmo de olhos como os fios vagam,
se propagam sobre muros, sebes, lábios, rede
de parcas explosões, ou plosivas, experimente
bem aqui: boca enrolada, pele friável, ou no
interior planar, solto prensar, *paperflowerar*, siga
os nomes de volta à ilha, diga que solos é língua,
a flor se chama *plaua*, conhece o impacto, também
tal empréstimo, flores colhidas no frete

G.G.F.

SOBRE A AUTORA

ULJANA WOLF (Berlim, 1979) é poeta, tradutora e editora formada em Germanística, Anglística e Estudos Culturais, pela Humboldt Universität, em Berlim. Tem dois livros de poesia publicados: *kochanie ich habe brot gekauft* (2005), *falsche freunde* (2009) e *meine schönste lengevitch* (2013), além do livro *sonne von ort* (2012, em parceria com Christian Hawkey, poeta americano, seu marido). Já recebeu alguns prêmios literários, tais como o Peter-Huchel-Preis, Dresdner Lyrikpreis e o Villa Aurora grant in Los Angeles. Além disso, traduziu para o alemão alguns poetas de língua inglesa, como Matthea Harvey, Christian Hawkey, Erín Moure e Cole Swensen, e coeditou o *Jahrbuch der Lyrik* (2009). Atualmente mora em Nova York.

SOBRE OS TRADUTORES

GUILHERME GONTIJO FLORES (Brasília, 1984) é poeta, tradutor e professor de latim na UFPR. Publicou os poemas da tetralogia *Todos os nomes que talvez tivéssemos*, divididos em *brasa enganosa* (2013), *Tróiades* (2014 – 2015, www.troiades.com.br), *l'azur Blasé* (2016) e *Naharia* (2017), além de *carvão: : capim* (2018). É tradutor de *A anatomia da melancolia*, de Robert Burton (4 vols, 2011-2013), *Elegias de Sexto Propércio* (2014) e *Safo: fragmentos completos* (2018), dentre outros. Escreveu em parceria com Rodrigo Tadeu Gonçalves o livro ensaístico *Algo infiel* (2017), é coeditor da revista *escamandro* (www.escamandro.wordpress.com) e membro do grupo de performance e tradução Pecora Loca.

RICARDO POZZO (Buenos Aires, 1971) é músico, fotógrafo, poeta, tradutor, curador, blefador e produtor cultural. Integrou o coletivo *Pó&Teias* (2003 – 2011), é curador do projeto *Vox Urbe* (2011–) que se iniciou nos porões do WNK Bar e agora num outro formato, em parceria com a Processo Multiartes. Curador da websérie *Pássaros Ruins* (2013–) que está em sua terceira temporada e pode ser encontrada no Youtube. Publicou o livro de poemas *Urbe Fagocito Z* (2012) *Alvéolos de Petit Pavê* (2015) e *Cidade Industrial* (2017).

Original title: kochanie ich habe brot gekauft / falsche freunde / meine schönste lengevitch
First published in Germany by kookbooks in 2005 / 2009 / 2013

Edição:
Camila Araujo & Nathan Matos

Assistente Editorial:
Sérgio Ricardo

Revisão:
LiteraturaBr Editorial

Capa:
Sérgio Ricardo

Projeto Gráfico e Diagramação:
Isabela Brandão & Luís Otávio Ferreira

1ª edição, Belo Horizonte, 2019.

Nesta edição, respeitou-se o Novo Acordo Ortográfico da Língua Portuguesa.

Dados Internacionais de Catalogação na Publicação (CIP) de acordo com ISBD

W853n
Wolf, Uljana
Nosso amor de trincheira nosso trânsito de fronteira / Uljana Wolf ; traduzido por Guilherme Gontijo Flores, Ricardo Pozzo. - Belo Horizonte, MG : Moinhos, 2019.
132 p. ; 14cm x 21cm.
ISBN: 978-85-45557-92-0
1. Literatura alemã. 2. Poesia. I. Flores, Guilherme Gontijo. II. Pozzo, Ricardo. III. Título.

2019-482

CDD 831
CDU 821.112.2-1

Elaborado por Vagner Rodolfo da Silva - CRB-8/9410
Índice para catálogo sistemático:
1. Literatura alemã : Poesia 831
2. Literatura alemã 821.112.2-1

EDITORAMOINHOS.COM.BR